HENRY GASTON

AGENCE MATRIMONIALE

PIÈCE EN UN ACTE

PARIS
LIBRAIRIE THÉATRALE
30, RUE DE GRAMMONT, 30

1907

AGENCE MATRIMONIALE

PIÈCE EN UN ACTE

Représentée pour la première fois à Paris le 12 janvier 1907
au Théatre de Montrouge.

Direction : **BEINEIX**

HENRY GASTON

AGENCE MATRIMONIALE

PIÈCE EN UN ACTE

PARIS
LIBRAIRIE THEATRALE
30, RUE DE GRAMMONT, 30

1907

PERSONNAGES [1]

PROSPER FLITEAU, directeur de l'Agence Matrimoniale . . .	MM. Léon Daubrel.
FLITEAU, son oncle.	Souquès.
JUSTIN, garçon de bureau . . .	Colombier
MADAME PLANTUREL.	Mme Raymonde.
LOUISE, sa fille	Mlles Barye.
UNE CLIENTE	Mag. Delaine.

La scène à Paris, de nos jours.

---

1. Cette comédie peut-être jouée par quatre acteurs seulement. (Voir la note à la fin du volume).

AGENCE MATRIMONIALE

La scène représente le cabinet de Prosper Fliteau, directeur de l'Agence Matrimoniale Prosper Fliteau et Cie. A droite bureau, fauteuils, chaises. Portes au fond à droite et à gauche.

SCÈNE PREMIÈRE

PROSPER, UNE CLIENTE.

Au lever du rideau, la cliente est assise dans un fauteuil devant le bureau; Prosper est à son bureau.

PROSPER.

C'est entendu, mademoiselle. Ce qu'il vous faut, c'est un jeune homme brun, grand, beau garçon, occupant une jolie situation, et désirant épouser une jeune fille sentimentale, physique agréable, ne connaissant pas encore l'amour...

LA CLIENTE, *soupirant.*

Hélas!

PROSPER.

... et possédant quelques économies. Soyez sans crainte, mademoiselle, je vous trouverai ça.

LA CLIENTE.

Ce sera long?

PROSPER.

Hum ! ça dépend. J'ai bien sous la main une dizaine de jeunes gens qui ne demandent qu'à se marier; mais ils ne feraient pas votre affaire.

LA CLIENTE.

Je pourrais peut-être me contenter de l'un d'eux. Je vous ai dit mon idéal, monsieur, mais il est si difficile dans ce monde de l'atteindre!

PROSPER.

Nous l'atteindrons, mademoiselle, nous l'atteindrons. Il ne manque pas de jeunes gens à Paris et dans le nombre ce serait bien le diable si je ne vous dénichais pas l'époux désiré.

LA CLIENTE, se levant.

Alors, monsieur Fliteau, je puis compter sur vous et sur... votre discrétion?

PROSPER, se levant.

Oh! mademoiselle, la discrétion est une des règles de l'agence matrimoniale Prosper Fliteau et Cie.

LA CLIENTE.

Au revoir, monsieur, et merci.

PROSPER.

Pardon, mademoiselle, j'oubliais une petite chose. Il est d'usage dans notre maison de déposer une petite somme d'avance pour les frais que nécessitent les premières démarches.

LA CLIENTE.

Oh! parfaitement. C'est combien?

PROSPER.

C'est vingt francs.

LA CLIENTE.

Voici, monsieur. A bientôt de vos nouvelles, j'espère.

PROSPER, la reconduisant à la porte du fond.

Vous pouvez compter sur moi. (Saluant.) Mademoiselle!

La cliente sort.

SCÈNE II

PROSPER, puis JUSTIN.

Prosper sonne ; entre Justin.

PROSPER.

Il n'y a plus personne dans le salon d'attente?

JUSTIN.

Non, monsieur.

PROSPER.

C'est bien. Ah! Dites-moi : il est trois heures; je vais faire mon courrier. A cinq heures, un monsieur, une dame et sa fille viendront ici; ce ne sont pas des clients. Il faudra avoir les plus grands égards pour eux! Vous me préviendrez dès qu'ils seront là.

JUSTIN.

Bien, monsieur.

Justin sort.

SCÈNE III

PROSPER, seul.

Ah! Voilà une bonne journée. Ce matin quatre clients à vingt francs l'un, soit quatre-vingts francs; cet après-midi trois clients, soit soixante francs. Total : cent quarante francs. Eh! eh! ce n'est pas mal. Quant à les marier ces sept-là, ça, c'est une autre affaire. Prosper Fliteau, mon ami, dans la vie il faut considérer deux choses : son intérêt d'abord, ensuite celui des autres... quand on a le temps! Il ne faudrait pas en conclure que l'agence matrimoniale Prosper Fliteau et Cie n'est pas digne du bon renom qu'elle a dans Paris. Je fais environ une quarantaine de mariages par an. Ce n'est d'ailleurs pas très difficile. Je me contente de choisir parmi les clients attirés par les annonces que je fais mettre dans les journaux deux êtres l'un du genre masculin l'autre du genre féminin, et répondant chacun à peu près à leur idéal respectif. Avec un peu d'habileté, quelques entrevues bien préparées, j'arrive presque toujours à les marier. Les autres, on les fait patienter avec quelques phrases toutes faites : « Soyez sans crainte, je vous trouverai ça... J'ai bien sous la main une dizaine de jeunes gens, ou de jeunes filles, suivant les cas, qui ne demandent qu'à se marier, mais ils ne feraient pas votre affaire... etc, etc. » Et avec cela ils sont heureux. Je leur donne au moins l'espérance : cela vaut bien vingt francs!! Et quand je pense que moi, Prosper Fliteau, directeur d'une agence matrimoniale, je vais aussi me marier. Eh! oui, parfaitement. Je m'étais pourtant bien juré de rester vieux garçon. Mais c'est que voilà : j'ai un oncle, un oncle à héritage, qui m'a tenu dernièrement ce petit discours : « Sacrebleu, (car il faut dire que mon oncle ne peut pas dire cinq phrases de suite sans lancer un retentissant sacrebleu) sacrebleu, mon neveu, tu maries les gens, c'est bien, c'est très bien même de t'occuper ainsi de la repopulation ; mais il faudra aussi bientôt songer à te marier à ton tour ; j'ai justement dans mes relations une jeune fille charmante, exquise, un vrai bijou, possédant d'ailleurs une très jolie dot. Elle fera très bien ton affaire. » Je me suis récrié, ne voulant pas entendre parler de mariage... pour moi ; mon oncle s'est fâché ; il m'a menacé de me déshériter si d'ici un an il n'avait pas un petit neveu ; et devant cet argument, il a fallu céder. Et aujourd'hui, à cinq heures, mon cher oncle, sous prétexte de visiter l'appartement d'au-dessus qui est à louer, doit venir ici, histoire de se reposer un peu, accompagné de ma future fiancée et de sa mère. Ah! mon pauvre Prosper, dire que toi aussi tu vas passer sous les fourches caudines! Enfin! Voyons, en attendant occupons-nous de mes clients ; il faut bien faire quelque chose pour eux!

Il va à son bureau ; entre Justin.

SCÈNE IV

PROSPER, JUSTIN.

JUSTIN.

Monsieur, c'est une dame qui désire voir monsieur.

PROSPER.

Une cliente ?

JUSTIN.

Je crois que oui, monsieur, bien qu'elle soit d'un certain âge.

PROSPER.

Eh! imbécile, ce n'est pas une raison : on se marie à tout âge. Faites entrer.

Justin va à la porte de gauche et l'ouvre. Entre madame Planturel, Justin sort.

SCÈNE V

MADAME PLANTUREL, PROSPER.

PROSPER, montrant un fauteuil.

Madame, donnez-vous donc la peine de vous asseoir.

MADAME PLANTUREL.

Merci, monsieur... Monsieur, (Hésitant, à part.) que vais-je lui dire ? (Haut.) Monsieur, je viens pour... pour un mariage !

PROSPER.

Très bien, madame. Comment le désirez-vous ?

MADAME PLANTUREL.

Pardon... Je ne comprends pas.

PROSPER.

Je vous demande : comment le désirez-vous ? Blond, brun, petit, grand ?

MADAME PLANTUREL.

Ah! parfaitement. C'est du jeune homme dont vous voulez parler.

PROSPER.

Bien entendu. (*A part.*) Elle est un peu sotte.

MADAME PLANTUREL.

Mon Dieu! Monsieur, je n'ai pas réfléchi... Je ne sais pas trop... (*A part.*) Si j'avais sû qu'il me poserait de pareilles questions?

PROSPER.

Ça ne fait rien, madame. Je vais vous aider. Voyons : avez-vous déjà été mariée?

MADAME PLANTUREL.

Oui, monsieur.

PROSPER.

Vous êtes veuve ou divorcée?

MADAME PLANTUREL.

Veuve.

PROSPER.

Très bien.

MADAME PLANTUREL.

Vous dites?!

PROSPER.

Rien, madame, rien. Vous désirez vous remarier avec...

MADAME PLANTUREL.

Oh! pas précisément.

PROSPER.

Ah! je vois ce que c'est. Ce n'est pas tout à fait un mariage que vous cherchez : c'est une union...

de la main gauche. Eh! eh! la petite mère on va bien!

MADAME PLANTUREL, à part, scandalisée.

Oh! il a un langage!

PROSPER, parlant vite.

Voyons, je vois ce qu'il vous faut : c'est un monsieur aisé, âgé, à qui la solitude pèse ? (Geste de dénégation de madame Planturel.) Non? Ce n'est pas cela. Alors, c'est un monsieur entre deux âges, encore vigoureux, ayant de beaux restes ? (Autre geste de dénégation de madame Planturel.) Ce n'est pas encore cela ? Alors nous arrivons à la catégorie des jeunes gens solides, robustes, sachant très bien remplir... leurs devoirs. A notre époque c'est un article rare et difficile à trouver.

MADAME PLANTUREL, suffoquée.

Mais non, monsieur, il ne s'agit pas de cela.

PROSPER.

Je ne vois pas trop alors ce que je pourrais vous offrir à moins d'aller les chercher en nourrice!

MADAME PLANTUREL, éclatant.

Mais, monsieur, c'est de ma fille dont il s'agit!

PROSPER.

Ah! bah! mais il fallait le dire tout de suite!

MADAME PLANTUREL.

Je n'ai pas pu placer un mot; vous parlez tout le temps.

PROSPER.

Croyez, madame, que je suis désolé; je n'avais nullement l'intention de vous offenser.

MADAME PLANTUREL, gracieuse.

Oh! monsieur.

PROSPER.

J'avais été mis en erreur par les apparences!

MADAME PLANTUREL.

Les apparences!!

PROSPER, se reprenant.

Je veux dire : les circonstances. En général, dans les cabinets matrimoniaux, chaque personne vient pour elle-même et rarement au nom d'une autre personne. Je vous fais toutes mes excuses.

MADAME PLANTUREL.

Vous êtes tout excusé, monsieur.

PROSPER.

Alors, vous venez pour la petite.

MADAME PLANTUREL, à part.

La petite!!

PROSPER.

Quel âge? Vingt ans? (Madame Planturel fait signe que oui.) Blonde? (Même jeu.) Jolie? (Même jeu.) Combien de dot?

MADAME PLANTUREL.

300.000 francs.

PROSPER.

300.000 francs!! (A part.) Il n'en vient pas souvent comme cela dans mon agence; il doit y avoir là-dessous queque chose de louche. (Haut.) Hum!... Est-elle... coquette?

MADAME PLANTUREL.

Coquette? Ma fille?! Oh! mais non, monsieur.

PROSPER.

Je veux dire : est-elle un peu frivole? N'a-t-elle point trop aimé le flirt?

MADAME PLANTUREL.

Mais, monsieur !...

PROSPER.

Voyez-vous, madame, vous pouvez tout me dire. Il vaut mieux que je sois parfaitement renseigné. Ici, c'est le tombeau des secrets : la discrétion est une des règles de l'agence matrimoniale : Prosper Fliteau et Cie. Parlons donc franchement. Votre fille a-t-elle déjà eu... un... un amant ?

MADAME PLANTUREL, suffoquée.

Ma fille ?... un amant !... oh ! mais, monsieur, monsieur, cela dépasse...

PROSPER.

Non ? Alors, n'en parlons plus. Cela n'en vaut que mieux, car voyez-vous, madame, le placement des jeunes filles avec... tache, est toujours plus difficile. Maintenant quant au jeune homme, j'ai bien sous la main une dizaine de jeunes gens qui ne demandent qu'à se marier mais ils ne feraient pas votre affaire. Etant donné le chiffre de la dot il faut faire un bon choix. (Il se lève.) Si vous le permettez, madame, je vais aller chercher mes dossiers. Soyez sans crainte, je vous trouverai l'oiseau rare.

Il sort par la porte de droite.

SCÈNE VI

MADAME PLANTUREL, seule.

Décidément j'ai eu tort de venir, et M. Fliteau, l'oncle de M. Prosper Fliteau, m'a donné un bien mauvais conseil. Il m'avait dit : « Chère madame, une entrevue préparée est toujours désagréable.

Vous devriez aller voir mon neveu dans son cabinet, comme si vous étiez une cliente. Là, vous le verrez à l'œuvre et vous pourrez juger de son caractère, puisqu'il ne sera pas prévenu ». Evidemment, il est joli garçon, bien tourné, mais il a la parole... facile, trop facile même, et une liberté de langage et d'allures qui dépassent les bornes permises. Je ne sais vraiment pas s'il fera un bon mari pour ma fille Louise. Mais, au fait, elle devrait être ici, ma fille. Je lui ai donné rendez-vous à trois heures et demie pour qu'elle aussi puisse juger son futur fiancé sans qu'il s'en doute. Mais je ne sais pas trop si maintenant c'est convenable qu'elle le voie ainsi : il n'aurait qu'à lui demander si elle a déjà eu un... un amant... Oh! la pauvre enfant, elle en aurait une crise de nerfs!

Voix de Justin dans la coulisse.

JUSTIN.

Mais, mademoiselle, il y a déjà une personne dans le cabinet de M. Fliteau.

Voix de Louise dans la coulisse.

LOUISE.

Mais puisque je vous dis que c'est ma mère. Laissez-moi passer.

Entre Louise en poussant Justin.

SCÈNE VII

MADAME PLANTUREL, LOUISE, enveloppée dans un manteau.

LOUISE.

En voilà un drôle de domestique. J'avais beau lui dire que c'était toi, maman, qui m'attendais ici il ne voulait pas me laisser entrer... Eh bien, maman, comment trouves-tu M. Prosper Fliteau ?

MADAME PLANTUREL.

Pas mal.

LOUISE.

Tu dis ça d'un ton peu encourageant. Est-il joli garçon ?

MADAME PLANTUREL.

Oui.

LOUISE.

Est-il bien fait ? (Très vite.) Il n'est ni boiteux, ni manchot, ni trop gros, ni trop maigre, ni trop grand ni trop petit ?

MADAME PLANTUREL.

Non. Il est bien, mais...

LOUISE.

Mais ?

MADAME PLANTUREL.

Il est un peu, comment dirais-je .. léger.

LOUISE.

Léger ?

MADAME PLANTUREL.

Oui, léger en paroles. Il a des expressions un peu choquantes. Après tout, c'est peut-être son métier qui veut ça.

LOUISE.

Mais oui, maman, probablement ; pour marier les gens comme il le fait, il faut bien qu'il connaisse les détails de leurs existences, et, dame, c'est parfois scabreux.

MADAME PLANTUREL.

Scabreux! Ma fille, comment savez-vous qu'il y a des choses scabreuses dans l'existence ?

LOUISE.

Oh! Maman, à mon âge!

MADAME PLANTUREL.

Vous saurez, mademoiselle, qu'à votre âge je ne savais pas qu'il existait des choses... scabreuses!

LOUISE.

Enfin te plait-il?

MADAME PLANTUREL.

Oui et non. Tu vas en juger par toi-même. Mais je vais lui recommander de mesurer ses paroles en ta présence. Tiens, le voici.

Entre Prosper tenant à la main quelques dossiers, sans apercevoir Louise.

SCÈNE VIII

LES MÊMES, PROSPER.

PROSPER.

Voici, madame, quelques dossiers qui pourront vous être utiles dans le choix que vous voulez faire pour...

MADAME PLANTUREL, vivement.

Louise, je te présente M. Prosper Fliteau.

PROSPER.

Oh! pardon!

MADAME PLANTUREL, présentant Louise.

Ma fille Louise, monsieur! (A part, à Prosper.) C'est encore une enfant, ménagez vos paroles.

PROSPER, à part.

Sapristi, quelle jolie petite personne. (Haut.) Mademoiselle! (Il s'incline. — Avançant un autre fauteuil.) Asseyez-vous donc, mesdames.

MADAME PLANTUREL, LOUISE, ensemble.

Merci, monsieur.

Elles s'assoient, Prosper va à son bureau.

PROSPER.

Hum! Hum! Nous disions donc, madame... que... c'est-à-dire... (A part.) Elle est charmante et avec cela un air ingénu qui lui sied à ravir.

MADAME PLANTUREL.

Ne trouvez-vous pas, monsieur, que le temps laisse beaucoup à désirer tous ces jours-ci?

PROSPER.

En effet... En effet... Il pleut beaucoup... (A part.) Une merveille de grâce! Et ses yeux, oh! ses yeux.

MADAME PLANTUREL.

Vous allez quelquefois dans le monde?

PROSPER.

Oui... Quelquefois, madame,... lorsque mes occupations le permettent. (A part.) Et ses cheveux, je ne les avais pas encore remarqués; superbes, ses cheveux!!

MADAME PLANTUREL.

Vous allez au théâtre?

PROSPER.

Oui... madame, oui... de temps à autre. (A part.) Et trois cent mille francs de dot!... Oui, mais... mon oncle! (Haut, à Louise.) Vous ne craignez pas d'avoir trop chaud, mademoiselle! Voulez-vous retirer votre manteau?

LOUISE.

Oui, monsieur, avec plaisir.

Prosper empressé l'aide à ôter son manteau.

PROSPER, allant déposer le manteau sur une chaise, à part.

Une voix exquise, une taille admirable ! un bijou, c'est un vrai bijou !

MADAME PLANTUREL, à part, à Louise.

Il est très galant.

LOUISE, à part, à sa mère.

Il a l'air très aimable.

PROSPER, revenant à son bureau.

Nous parlions, je crois, de théâtre. Et vous, mademoiselle, y allez-vous parfois ?

LOUISE.

Oui, monsieur, lorsque maman veut bien m'y emmener.

PROSPER, à part.

Comme elle dit cela gentiment. Elle est délicieuse. Et moi qui tout à l'heure ai demandé à sa mère si... (Haut.) Et à quel théâtre allez-vous ?

LOUISE.

A la Gaité, au Châtelet, au Français, à l'Odéon, je raffole des pièces à grands spectacles, et j'adore le classique.

PROSPER, à part.

Elle adore le classique... C'est un ange ! (Haut.) Moi aussi, mademoiselle, j'adore le classique et les féeries. Nous avons les mêmes goûts.

MADAME PLANTUREL.

Ma fille aime tout ce qui touche aux arts. Elle peint, elle joue du piano, elle écrit...

LOUISE.

Oh! maman!

MADAME PLANTUREL.

Mais si, mais si. M. Fliteau sera probablement content de connaître tes petits talents.

PROSPER.

Mais comment donc, madame, je serai trop heureux, et si mademoiselle voulait mettre le comble à mon bonheur, elle me dirait quelque chose d'elle.

LOUISE.

Oh! mais, monsieur, c'est si peu de chose ce que je fais.

PROSPER.

Je vous en prie, mademoiselle, vous devez écrire d'une façon charmante, et dire encore mieux; vous avez une voix si douce, si agréable à entendre, si mélodieuse!

LOUISE.

Oh! monsieur!

MADAME PLANTUREL.

Je crois que M. Fliteau désire beaucoup que tu nous récites quelque chose. Voyons, tu sais... ta dernière poésie : « Abandon ».

PROSPER.

Oui, c'est cela... « Abandon » mademoiselle; je vous en prie.

LOUISE, sur un geste de sa mère.

Puisque maman le veut!

Ah! si vous saviez ma douleur
De vivre ainsi sans vos tendresses,
D'être privé de la douceur
De vos caresses,

Si vous saviez le désespoir
Qui laisse mon cœur sans courage,
Et l'angoisse de ne plus voir
Votre visage,

Si vous saviez tout mon chagrin
Ma peine horrible et ma tristesse
De me sentir seul au matin
De ma jeunesse,

Si vous saviez l'affreux tourment
De celui qui perd l'espérance,
Vous auriez pitié maintenant
De ma souffrance !

Mais vous ne voulez pas savoir
Puisque vous quittez ma demeure,,..
Et vous laissez sans un espoir
Mon cœur qui pleure !

PROSPER, enthousiasmé.

Bravo, c'est merveilleux. Oh ! Mademoiselle, je suis absolument charmé. Vos vers sont délicieux et comme vous les dites bien ! C'est un bonheur de vous entendre, et je ne sais vraiment comment vous féliciter.

LOUISE.

Oh ! Monsieur, vous me comblez. Je vous assure que cette petite poésie ne mérite pas tant d'éloges.

PROSPER.

Mais si, je ne saurais trop vous faire de compliments. Ah ! Madame, quelle joie pour vous d'avoir une fille aussi charmante et aussi accomplie !

MADAME PLANTUREL.

Vraiment, monsieur, je suis confuse... (A part, à sa fille.) Il est exquis.

LOUISE, à part, à sa mère.

Il est vraiment très bien, tu vois.

PROSPER, à part.

C'est une perfection. Ma parole, j'en suis amoureux. (Haut.) Ah! j'envie le sort de celui qui aura le bonheur d'être le mari de mademoiselle... et pour en revenir, madame, à la question qui nous occupait...

MADAME PLANTUREL, vivement.

Oh! n'en parlons pas en ce moment, monsieur! nous pourrons en recauser.

PROSPER, enchanté, refermant brusquement les dossiers.

Oui, c'est cela, nous en recauserons. Nous avons bien le temps. Mademoiselle Louise n'est pas très pressée de se marier.

MADAME PLANTUREL.

Oui et non; c'est-à-dire que ma fille est un peu difficile.

PROSPER, avec éclat.

Ah! elle peut l'être, car il est impossible de rencontrer chez une jeune fille tant de grâce unie à tant de charme!

LOUISE, à part, à sa mère.

Comme il dit bien ces choses-là.

MADAME PLANTUREL, à part, à sa fille.

On dirait qu'il est déjà amoureux de toi.

LOUISE, troublée.

Oh! tu crois, maman.

MADAME PLANTUREL, se levant.

Allons, monsieur, il est temps de nous retirer.

PROSPER.

Déjà, madame, je vous en prie, restez encore quelques instants, je suis si content de vous voir toutes les deux, ici, chez moi.

MADAME PLANTUREL.

Mais nous reviendrons, monsieur, c'est convenu. Vous pouvez compter sur notre visite très prochainement.

PROSPER.

Mademoiselle Louise viendra-t-elle aussi?

MADAME PLANTUREL.

Je pense que oui. Tu veux bien, Louise?

LOUISE, vivement.

Oh! Oui, maman, avec le plus grand plaisir.

MADAME PLANTUREL, avec un sourire.

Nous parlerons alors sérieusement de ce que vous savez, monsieur.

PROSPER, vivement.

Oui, oui, madame, nous verrons cela. Je m'en occuperai.

MADAME PLANTUREL.

Au revoir, monsieur, et merci de votre amabilité.

LOUISE.

Au revoir, monsieur.

PROSPER, aidant Louise à remettre son manteau.

Au revoir, madame. Au revoir, mademoiselle. Ne tardez pas à revenir; ce sera une joie pour moi de vous revoir.

MADAME PLANTUREL.

C'est entendu. A bientôt, monsieur.

Madame Planturel et Louise sortent.

SCÈNE IX

PROSPER, seul.

C'est une perle, cette jeune fille. J'en suis complètement amoureux. Ah ! oui, je vais m'occuper de lui chercher un mari ; il ne sera pas difficile à trouver celui-là, ce sera moi. Mon oncle dira ce qu'il voudra ; il tempêtera, il jurera tous les sacrebleus de la terre, je m'en moque. Il me déshéritera s'il le veut; que m'importe, pourvu que j'épouse celle qui a su tout d'un coup conquérir mon cœur. On ne peut pas rêver pareille beauté, pareille gentillesse ; elle est la grâce même ; de toute sa personne se dégage un charme captivant. Ah ! ma chère Louise !

Entre son oncle Fliteau.

SCÈNE X

PROSPER, FLITEAU.

FLITEAU.

Sacrebleu, mon neveu, ça va bien ?

PROSPER, tombant de son rêve.

Mon oncle !

FLITEAU.

Eh bien ! oui, ton oncle ! Pourquoi me regardes-tu avec des yeux pareils?

PROSPER.

C'est que... je ne songeais plus à vous... je ne me rappelais plus...

FLITEAU.

Comment, sacrebleu, tu ne te rappelais plus que je devais venir à cinq heures pour une entrevue.

PROSPER.

Ah! oui, c'est vrai... une entrevue... voyez-vous, mon oncle, j'ai bien réfléchi.

FLITEAU.

Tu as bien réfléchi, et alors?

PROSPER.

Alors... ce mariage... dont vous m'aviez parlé... je ne sais pas si... je n'ai pas encore tout à fait... enfin, là, je ne veux pas me marier.

FLITEAU.

Tu ne veux pas te marier? (A part.) Ah! tu ne veux pas, mon gaillard, tout à l'heure tu voudras bien, j'en suis sûr. (D'une voix terrible.) Ah! c'est comme cela, mon neveu! Tu ne veux pas te marier.

PROSPER, ferme.

Non, mon oncle.

FLITEAU.

Tu veux résister à ton oncle? Je suis ton seul parent, tu dois m'obéir; je n'ai pas l'habitude, moi, qu'on me désobéisse. Tu te marieras, sacrebleu.

PROSPER.

Non.

FLITEAU.

Si.

PROSPER.

Non.

FLITEAU.

Je te déshériterai.

PROSPER.

Tant pis.

FLITEAU.

Comment? Tant pis! Ah! Tu dédaignes mon héritage; sacrebleu, tu fais fi de mon argent. Tu dois avoir une raison pour cela; tu ne faisais pas le si beau prince, il n'y a pas longtemps.

PROSPER.

On peut changer vite.

FLITEAU.

Regarde-moi donc en face.... Tu es amoureux?

PROSPER, hésitant.

Amoureux... Non...

FLITEAU.

Taratata... je le vois bien, moi, tu es amoureux. Ne dis pas le contraire.

PROSPER, prenant son parti.

Oui, là.

FLITEAU.

Et de qui je te prie?

PROSPER.

D'une jeune fille.

FLITEAU.

Sacrebleu, je le pense bien. Tu ne jetterais pas mon héritage de côté si ce n'était pas d'une jeune fille. Et comment est-elle?

PROSPER.

C'est un ange.

FLITEAU.

Un ange! Ah! ils sont tous les mêmes, ces amoureux. Un ange! A les entendre, toutes les jeunes filles seraient des anges.

PROSPER.

Pas toutes, mais elle, oh! oui!

FLITEAU, *ironique.*

Oh! oui! et où l'as-tu rencontrée cette jeune fille?

PROSPER.

Ici même; elle vient de sortir avec sa mère.

FLITEAU.

Et cette jeune fille que je te destinais?

PROSPER.

Je ne veux pas entendre parler d'elle.

FLITEAU.

Tu ne veux pas? Ah! ça, c'est trop fort. Tu résistes aux volontés de ton oncle, sacrebleu?

PROSPER.

C'est inutile de jurer, mon oncle; c'est une affaire entendue. J'aime cette jeune fille et je n'épouserai qu'elle.

FLITEAU.

Comme cela tout de suite sans me consulter. J'entends, moi, être consulté! Avant tout, je veux la connaître, savoir d'où elle vient, qui elle est, quelle est sa famille? Je parie que tu n'en sais rien?

PROSPER.

Non, c'est vrai; mais elle est adorable!

FLITEAU.

C'est entendu; mais ce n'est pas tout que d'être adorable; il faut savoir d'où elle sort. Que fait son père?

PROSPER.

Je n'en sais rien.

FLITEAU.

Et sa mère?

PROSPER.

Je n'en sais rien.

FLITEAU.

Tu n'en sais rien, tu n'en sais rien! Mais, sacrebleu, je veux savoir tout cela. On n'épouse pas une jeune fille sans connaître autre chose que son nom. Le connais-tu seulement, son nom?

PROSPER.

Louise.

FLITEAU.

Et son nom de famille?

PROSPER.

Je n'en sais rien.

FLITEAU.

Encore?

PROSPER.

Oui, encore! tout ce que je sais, c'est quelle est exquise. Sa voix est une caresse, ses yeux brillent comme des diamants, ses mains mignonnes, ses cheveux superbes, sa taille merveilleuse, tout, en elle, est adorable. Je voudrais lui consacrer ma vie toute entière. A ses pieds je déposerais l'hommage de mon amour et je la supplierais de laisser tomber sur moi un regard de tendresse. Ah! ne me parlez pas d'une autre; il n'y a qu'elle au monde; je ne veux pas de cette autre, et c'est elle seule, mon oncle, que je veux épouser.

Pendant ce monologue Prosper est resté face au public, et Fliteau est allé doucement ouvrir la porte de gauche. Il fait signe à madame Planturel et à Louise d'entrer.

SCÈNE XI

LES MÊMES, MADAME PLANTUREL, LOUISE.

FLITEAU, amenant Louise vers Prosper.

Eh bien! épouse-la donc!

PROSPER, étonné, se retourne, puis comprenant.

Ah! mon oncle, mon bon oncle!

Il se précipite vers son oncle pour l'embrasser.

FLITEAU.

Eh! ce n'est pas moi qu'il faut embrasser. (Montrant Louise.) C'est elle.

PROSPER, suppliant.

Mademoiselle Louise?

LOUISE.

Si maman veut bien?

MADAME PLANTUREL.

Mais oui, mais oui, je le permets. Embrassez-vous, mes enfants.

PROSPER, embrassant Louise.

Ma chère petite fiancée!

MADAME PLANTUREL.

Et à quand la noce?

FLITEAU.

Oh! pas si vite; il faut bien leur donner le temps de s'aimer un peu pendant les fiançailles. C'est peut-être le moment le plus heureux, sac...

TOUS, ensemble.

... crebleu!

FLITEAU.

Eh! oui, sacrebleu!

Rideau.

NOTE. Cette comédie peut être jouée à 5 personnages avec 4 acteurs seulement. Pour cela on supprime la scène première qui n'est pas absolument indispensable pour la suite, et on supprime dans la scène III les mots : « cela vaut bien vingt francs ». Le rôle de la cliente est ainsi supprimé sans inconvénient. D'autre part un seul acteur peut jouer le rôle de Justin jusqu'à la scène V exclusivement et jouer le rôle de Fliteau à partir de la scène X. Dans l'intervalle il a le temps de changer de costume et de tête. Il faudra alors supprimer les deux dernières répliques de la scène VI et une partie de la première réplique de la scène VII. Après les mots « crise de nerfs », Louise entrera, et madame Planturel dira : « Ah ! te voilà, ma chère enfant » Louise répliquera : « Eh! bien, maman, comment trouves-tu M. Prosper Fliteau? »

Imprimerie Générale de Châtillon-sur-Seine. — A. Pichat.

A LA MÊME LIBRAIRIE

Comédies en un acte.

	H	F	Prix.
Accident de bicyclette, comédie	2	»	1 »
Affaire Boreau (L'), comédie	3	»	1 »
Aimable lingère (Une), comédie	4	2	1 50
Anglais tel qu'on le parle (L'), comédie	6	2	1 50
Au diable ces étudiants, comédie	1	1	1 »
Bisbis de ménage, comédie	1	2	1 »
Cambrioleur (Le), comédie	5	»	1 »
Chanoinesse (La), comédie	»	4	1 »
Chapeau du commissaire (Le), comédie	5	»	1 »
Cher maître, comédie	2	5	1 »
Chez l'avoué, comédie	3	»	1 »
Chez la Princesse, comédie	7	»	1 »
Chez la somnambule, comédie	3	»	1 »
Chez le ministre, comédie	3	2	1 »
Consolateur (Le), comédie, (costumes Louis XVI)	2	2	1 50
Consultation de 1 h. à 3, comédie	1	1	1 »
Correspondance (La), comédie	4	2	1 »
Contre-appel, bouff. militaire	6	2	1 50
Dans la grande roue, comédie	1	1	1 »
Dans le bleu, comédie	2	3	1 50
Droit des époux, comédie	2	2	1 50
Fleur d'antichambre, comédie	2	1	1 50
Franches lippées, comédie	3	3	1 50
Goberon, comédie	5	2	1 50
Ici on marie, comédie	3	2	1 »
Idée de ma tante (Une), comédie	1	2	1 »

	H	F	Prix.
Jeu de l'amour et du bazar (Le), comédie	1	2	1 50
Je vais m'en aller, comédie	1	1	1 »
Lézard (Le), comédie	»	2	1 »
Limaçon (Le), comédie	1	2	1 »
Madame Bigarot n'y tient pas, comédie	3	3	1 50
Madame et Monsieur, saynète	1	1	1 50
Mademoiselle est sortie, comédie	1	2	1 50
Marie-Antoinette et son cercle (costumes du temps), comédie	»	7	1 »
Mariage d'amour, comédie	1	1	1 »
Mariage d'inclination, comédie	»	2	1 »
1807, comédie	4	3	1 50
Mon noyé, comédie	2	1	1 50
Notre candidat, comédie	1	2	1 »
Œil de verre (L'), comédie	1	2	1 50
Par devant notaire, comédie en vers	1	1	1 50
Pardon bien gagné (Un), comédie	2	2	1 »
Pas de politique, comédie	»	2	1 »
Pelote (La), comédie	3	»	1 »
Petit bleu de la cousine (Le), comédie	»	3	1 »
Poulailler (Le), comédie	2	6	1 50
Prix de vertu (Le), comédie	4	4	1 50
Quatorzième convive (Le), comédie	2	2	1 »
Serment d'Yvonne (Le), comédie	2	2	1 50
Seul!... enfin, comédie	1	1	1 »
Signal d'alarme, comédie	1	1	1 »
Snobinette, comédie	2	1	1 »
Terrible affaire, comédie	5	»	1 »
Totote, comédie	»	2	1 »
Vrai courage (Le), comédie	5	»	1 »

Imprimerie Générale de Châtillon-sur-Seine. — A. PICHAT.

www.ingramcontent.com/pod-product-compliance
Ingram Content Group UK Ltd.
Pitfield, Milton Keynes, MK11 3LW, UK
UKHW022144260726
13993UKWH00005B/2151